GUIDE PRATIQUE SEO

GUIDE DE BASES
POUR UN BON REFERENCEMENT SUR GOOGLE

Blogautop

M Samy

Rien ne se fait au hasard sur google et s'assurer que votre site web est bien optimisé n'est pas un choix à faire , c'est une nécessité . Ce guide alors celui qui va présenter pour vous Google , et vous montrer comment présenter de la plus juste manière votre site web à Google "sans rien oublier et sans erreurs aussi "

Ce guide s'adresse à tout ceux qui ont ou bien veulent créer un site web et lui assurer une bonne assise SEO dès le début C'est un ouvrage à la fois pour les débutants et les initiés , les bases du SEO restent en gros les mêmes chaque année , et ce qui change généralement , ce sont les critères de pertinence …

Vous aurez aussi un BONUS de 101 Conseils SEO à consommer sans modération

Principes de base du référencement Premiers pas avec l'optimisation SEO pour les moteurs de recherche

Notions de base sur le référencement

Qu'est-ce que le référencement?:

Vous trouverez ci-dessous une liste des questions les plus fréquemment posées sur l'optimisation des moteurs de recherche, ainsi que des réponses, des recommandations et des meilleures pratiques, logiquement organisées en chapitres et sous-chapitres. Le résultat est l'un des guides les plus faciles à suivre sur les bases du référencement pour les débutants.

Table des matières

- Notions de base sur le référencement
- Qu'est-ce que le référencement?
- Quel est le trafic d'un site ou blog?
- Quels sont les résultats de recherche organiques?
- Comment le trafic sur le site Web est-il mesuré?
- Qu'est-ce que le référencement dans le web marketing

- Quelle est l'utilisation du référencement?
- Pourquoi avez-vous besoin de référencement?
- Pourquoi le référencement est-il si important?
- Les Moteurs de recherche
- Quels sont les moteurs de recherche?
- Quel est le meilleur moteur de recherche?
- Quel est le moteur de recherche le plus populaire?
- Google
- Pourquoi Google est-il le moteur de recherche le plus populaire?
- Comment fonctionne Google?
- Qu'est-ce que l'exploration Web?
- Comment fonctionne Google Web Crawler (robots de google)?
- Quel est le sens de l'exploration Web dans le référencement?
- Comment faire en sorte que Google explore mon site Web?
- Comment s'assurer que Googlebot n'est pas bloqué?
- Qu'est-ce que l'indexation dans Google Search?
- Combien de temps faut-il à Google pour indexer un nouveau site?

- Comment fonctionnent les algorithmes de recherche Google?
- Facteurs de classement des moteurs de recherche
- Combien de facteurs Google utilise-t-il pour classer les pages Web?
- Quels sont les facteurs de classement des moteurs de recherche les plus importants?
- Quels sont les facteurs de classement négatifs?

- Meilleures pratiques de référencement
- 1. Améliorer la structure du site
- 1.1. Améliorer la structure de vos URL
- 1.2. Rendez votre site plus facile à naviguer
- 2. Optimiser le contenu

- 2.1. Créez des titres de page uniques et précis
- 2.2. Utiliser la balise méta "description"
- 2.3. Offrir un contenu et des services de qualité

- **2.4. Écrire un meilleur texte d'ancrage**
- **2.5 Optimiser votre utilisation des images**
- **2.6 Utilisez les balises de titre de manière appropriée**
- **3. Traiter avec les robots**
- **3.1. Utiliser efficacement le fichier robots.txt**
- **3.2. Soyez conscient de rel = "nofollow" pour les liens**

- **4. SEO pour les téléphones mobiles**
- **4.1. Notifier Google des sites mobiles**
- **4.2. Guider les utilisateurs mobiles avec précision**

- **5. Promotions et analyse**
- **5.1. Promouvoir votre site Web de la bonne façon**
- **5.2. Utilisez des outils gratuits pour les webmasters**

- **Conclusion**

- **BONUS : 101 Conseils Pratiques SEO à appliquer directement à votre site web**

Notions de base sur le référencement

Qu'est-ce que le référencement?

SEO est une abréviation pour le terme optimisation des moteurs de recherche. L'optimisation des moteurs de recherche (SEO) est ce que vous faites pour augmenter le trafic sur votre site web à partir des résultats de recherche organiques sur des plateformes telles que Google et Bing.

Quel est le trafic du site?:

Le trafic de site Web est tout ce qui visite votre site Web. Cela inclut à la fois les visiteurs humains et les programmes automatisés (appelés bots).

Quels sont les résultats de recherche organiques?

Chaque fois qu'une personne tape quelque chose dans un moteur de recherche, une page contenant les résultats de la recherche du terme recherché lui est présentée.

Chaque page de résultats de recherche contient deux types de résultats: payé et organique.

Les résultats de recherche organiques sont des listes sur les pages de résultats des moteurs de recherche qui apparaissent en raison de leur pertinence pour le terme recherché.

En revanche, les résultats de recherche payée sont des publicités dans lesquelles un annonceur paie pour que son annonce soit affichée chaque fois que quelqu'un exécute une requête de recherche correspondant aux critères de l'annonceur.

Comment le trafic sur le site Web est-il mesuré?

Le trafic du site Web est mesuré via un service spécialisé
d'analyse de site Web en ajoutant un court morceau de code
informatique à vos pages Web. Ce code est normalement
généré par le service que vous utilisez pour mesurer le trafic
sur le site Web.

En fonction du service que vous utilisez, le code peut suivre
toutes sortes de choses, y compris, par exemple: le nombre de
visiteurs sur votre site Web, leur durée de séjour, les pages
visitées, les navigateurs utilisés, le lieu où ils se trouvent, etc.
.

Actuellement, Google Analytics est peut-être le service
d'analyse de site Web le plus populaire sur le marché. De plus,
c'est gratuit.

Qu'est-ce que le référencement dans le marketing numérique?

Le référencement fait partie intégrante de toute stratégie de
marketing numérique qui consiste à générer du trafic vers les
sites Web à partir des résultats de recherche organiques. Le
référencement est ce qui fait que cette partie de votre stratégie
de marketing numérique se réalise. Si vous avez déjà un site

Web existant, votre stratégie de référencement devrait commencer par un audit de référencement .

Quelle est l'utilisation du référencement?

Si cela est fait correctement, le référencement vous sera bénéfique de quatre manières. Ce sera:

- Permettez à votre site Web de s'afficher dans les résultats de recherche pour les requêtes de recherche les plus rentables (également appelés mots clés);
- Améliorez votre classement dans les moteurs de recherche, c'est-à-dire la position dans laquelle une page de votre site Web apparaît dans les résultats du moteur de recherche;
- Assurez-vous que la meilleure page de votre site Web apparaît dans les résultats de chaque requête de recherche. et
- Améliorez le taux de clics de votre site Web, c'est-à-dire le nombre d'utilisateurs qui cliquent sur votre résultat par rapport à tous les autres.

Pourquoi avez-vous besoin de référencement?

Vous avez besoin de SEO pour augmenter votre part du trafic de site Web gratuit à partir des moteurs de recherche. Selon

certaines estimations, 6,5 milliards de recherches au total sont
effectuées chaque jour. Comme les résultats de recherche les
mieux classés génèrent la quasi-totalité de ce trafic, vous avez
besoin du référencement pour que votre site Web se trouve en
haut des pages de résultats de recherche.

Pourquoi le référencement est-il si important?

Réaliser un référencement est le seul moyen pour votre site
Web de se classer plus haut dans les résultats de recherche
sans payer pour la publicité. Le référencement vous aide à
maximiser les avantages des moteurs de recherche en tant que
canal marketing.

Retour à la table des matières.

Moteurs de recherche

Quels sont les moteurs de recherche?

Les moteurs de recherche sont des services Web qui recherchent et identifient des éléments sur Internet - généralement des pages Web, des images ou des vidéos - qui correspondent le mieux aux requêtes saisies par l'utilisateur.

Quel est le meilleur moteur de recherche?

Le meilleur moteur de recherche est celui qui fournit les résultats les plus pertinents (qui vous intéressent réellement), de la manière la plus rapide possible, via une interface simple et conviviale, et offrant des options supplémentaires pour élargir ou renforcer votre recherche.

Quel est le moteur de recherche le plus populaire?

Avec 79% du marché de la recherche , Google est de loin le moteur de recherche le plus populaire. En fait, on peut prétendre que c'est un monopole. Les autres moteurs de recherche populaires incluent Bing, Baidu et Yahoo.

Google

Pourquoi Google est-il le moteur de recherche le plus populaire?

Google est devenu le moteur de recherche le plus populaire, car il proposait le bon produit au bon moment.

Premièrement, Google a mis au point une technologie révolutionnaire offrant des résultats de recherche vraiment pertinents. Cela, en l'absence de toute innovation significative de la part du leader de la recherche à l'époque, Yahoo, leur a permis de rapidement dépasser Yahoo et de devenir de facto le moteur de recherche de choix.

Un autre facteur qui a joué entre les mains de Google est qu'ils sont arrivés au moment même où les consommateurs traditionnels obtenaient une meilleure connectivité Internet et devenaient des utilisateurs Internet habituels. En tant que seul moteur de recherche offrant des résultats pertinents, Google s'est construit une base d'utilisateurs extrêmement fidèle.

Enfin, en créant avec succès une source de revenus très rentable grâce à la publicité au paiement au clic, Google a été en mesure d'attirer les meilleurs talents, de continuer à innover et de créer un véritable trésor de guerre pour les futures acquisitions, qu'ils ont assez efficacement utilisées renforcer leur position de leader et se protéger de la concurrence.

Comment fonctionne Google?

Afin de déterminer les éléments à afficher dans vos résultats de recherche parmi des milliers, voire des millions de pages Web contenant des informations potentiellement pertinentes, Google se concentre sur trois choses:

Analyse et indexation - Bien avant toute requête de recherche, les robots d'exploration de pages Web de Google travaillent sans relâche pour découvrir et traiter les informations contenues dans les pages Web et tout autre contenu accessible au public. Une fois découvert, il stocke et organise ces informations dans sa propre base de données, appelée index de recherche.

Algorithmes de recherche - Lorsqu'une requête de recherche est saisie dans Google, ses systèmes de classement trient des

centaines de milliards de pages Web dans l'index de recherche
pour vous fournir des résultats utiles et pertinents en une
fraction de seconde.

Réponses utiles - En même temps, Google veille à proposer
des résultats de recherche dans une gamme de formats riches
pour vous aider à trouver rapidement les informations que
vous recherchez.

Qu'est-ce que l'exploration Web?

L'analyse Web est le processus de découverte de nouveau
contenu sur Internet effectué par un robot d'indexation Web.
Un robot d'exploration de sites Web, parfois appelé araignée,
est un bot Internet utilisé par les moteurs de recherche qui
naviguent systématiquement sur Internet à la recherche
d'informations accessibles au public.

Comment fonctionne Google Web Crawler?

Google Web Crawler, appelé Googlebot, est un programme
conçu pour découvrir les pages nouvelles et mises à jour à
inclure dans l'index de recherche. En raison de l'énormité
d'Internet, Google utilise un grand nombre d'ordinateurs pour
effectuer cette tâche.

Le processus d'analyse de Google commence par une liste d'URL de pages Web, générées à partir des processus d'analyse précédents et complétées par les données Sitemap fournies par les webmasters.

Lorsque Googlebot visite chacun de ces sites Web, il détecte des liens sur chaque page et les ajoute à la liste des pages à analyser. Les nouveaux sites, les modifications apportées aux sites existants et les liens inactifs sont notés et utilisés pour mettre à jour l'index de recherche.

Quel est le sens de l'exploration Web dans le référencement?

L'une des pierres angulaires de toute optimisation des moteurs de recherche consiste à s'assurer que les robots d'exploration du Web, et plus particulièrement Googlebot, peuvent accéder à votre site Web et y auront accès.

En résumé, jusqu'à ce que Googlebot explore et indexe vos pages Web, vous ne risquez pas de générer du trafic gratuit à partir de Google.

Comment faire en sorte que Google explore mon site Web?

Googlebot utilise un processus algorithmique (automatisé) pour déterminer les sites à analyser, leur fréquence d'analyse et le nombre de pages à extraire de chaque site.

Il n'existe aucun moyen d'impacter ce processus, car Google n'accepte pas les paiements pour analyser un site plus fréquemment.

Cependant, vous pouvez vous assurer que Googlebot vous connaît bien. Voici comment:

- Assurez-vous que Googlebot n'est pas bloqué.
- Utilisez l'option Envoyer l'URL dans la console de recherche Google.
- Créez un plan Sitemap et envoyez-le à la console de recherche Google.
- Si vous avez récemment ajouté ou modifié une page de votre site, vous pouvez demander à Google de la (re) indexer à l'aide de l'outil Fetch as Google.

Comment s'assurer que Googlebot n'est pas bloqué

Le fait d'empêcher Googlebot d'accéder à un site empêche
Googlebot d'explorer et d'indexer le contenu de votre site
Web. Cela peut également entraîner une perte de classement
dans les résultats de recherche de Google pour les pages Web
précédemment indexées.

Si vous pensez que Googlebot risque de ne pas pouvoir
accéder à votre site, connectez-vous à votre compte Google
Search Console et vérifiez les points suivants:

Messages - Google affiche généralement un message bien
visible si vous empêchez Googlebot d'explorer votre site.

Erreurs d'exploration - Consultez la liste des erreurs d'analyse
et recherchez les pages qui, selon vous, devraient être
indexées. Si de telles pages sont signalées dans la liste des
erreurs d'analyse, cela signifie que Googlebot a rencontré un
problème lorsqu'il a tenté d'analyser cette URL.

Extraire en tant que Google - lorsque vous trouvez une URL
problématique, utilisez la fonction Extraire en tant que Google
pour obtenir des informations plus détaillées sur le problème.

Qu'est-ce que l'indexation dans Google Search?

L'indexation Google consiste à ajouter les informations de
votre site Web à l'index de recherche.

Googlebot traite chaque page Web analysée et compile un index massif de tous les mots qu'il voit et leur emplacement sur chaque page. En outre, Google traite les informations incluses dans les balises et attributs de contenu clés, telles que les balises de titre et les attributs ALT.

Combien de temps faut-il à Google pour indexer un nouveau site?

En moyenne, le temps nécessaire à Google pour indexer un tout nouveau site peut prendre de 2 jours à 3 à 4 semaines. Cela dépend beaucoup de la qualité de votre site Web et du travail effectué pour l'optimiser pour les moteurs de recherche.

Comment fonctionnent les algorithmes de recherche Google?

Afin d'analyser ce que vous recherchez et les informations à vous renvoyer, Google doit trier des centaines de milliards de pages Web dans son index de recherche en une fraction de seconde. Pour ce faire, les systèmes de classement Google utilisent une série d'algorithmes permettant de:

Analyser des mots - Google essaie de comprendre le sens de votre recherche et de choisir les chaînes de mots à rechercher dans l'index de recherche. Cela implique également d'interpréter les fautes d'orthographe, de comprendre les synonymes et d'appliquer certaines des dernières recherches sur la compréhension du langage naturel.

Faire correspondre une requête : au niveau le plus élémentaire, Google analyse la fréquence et l'emplacement des mots clés correspondant à votre requête sur une page. Ils analysent également si les pages incluent un contenu pertinent ou si elles sont écrites dans la même langue que votre question.

Classer les pages : à l'aide de centaines de facteurs, Google tente d'identifier les meilleures pages Web correspondant à votre requête. Celles-ci incluent notamment la fraîcheur du contenu, la qualité de l'expérience utilisateur, la fiabilité et l'autorité du site Web, etc. Google identifie et supprime également les sites qui ne respectent pas les consignes du webmaster .

Considérez le contexte - Des informations telles que l'emplacement de l'utilisateur, l'historique de recherche et les paramètres de recherche aident Google à personnaliser les résultats en fonction de ce qui est le plus utile et le plus pertinent pour cet utilisateur à un moment donné.

Renvoyer de meilleurs résultats - Avant de diffuser les
résultats de recherche, Google évalue la concordance de
toutes les informations pertinentes, puis s'efforce de fournir un
ensemble varié d'informations dans les formats les plus utiles
pour un type de recherche donné.

Facteurs de classement des moteurs de recherche

Combien de facteurs Google utilise-t-il pour classer les pages Web?

Lorsqu'un utilisateur entre une requête, l'algorithme de
Google recherche dans l'index les pages Web correspondantes
et renvoie les résultats qu'il considère comme les plus
pertinents pour l'utilisateur. La pertinence est déterminée par
plus de 200 facteurs.

Quels sont les facteurs de classement des moteurs de recherche les plus importants?

Google ne publie pas une liste de leurs facteurs de classement au public. Par conséquent, les experts en référencement doivent s'appuyer sur leurs propres tests et (parfois) de devinettes. Selon un sondage auprès d'experts mené par le MOZ en 2015 , les principaux facteurs de classement des moteurs de recherche étaient les suivants:

1. Fonctionnalités de niveau de domaine et d'autorité de lien (importance: 8,22 sur 10) - facteurs liés aux liens entrants (liens retour) pour l'ensemble du site:

- Quantité de domaines de liaison uniques
- Pertinence thématique des domaines de liaison
- Popularité brute du domaine telle que mesurée par le PageRank, etc.
- Confiance du domaine mesurée par TrustRank, etc.
- Répartition des autorités des domaines de liaison / importance relative / popularité
- Backlinks de sites de votre propre région ou langue ciblée

- Pourcentage de liens avec les termes de la marque dans le texte d'ancrage
- Vitesse d'acquisition de lien vers le domaine
- Sentiment des liens externes pointant vers le site

2. Mesures de liens au niveau de la page (importance: 8,19 sur 10) - facteurs liés aux liens entrants (liens retour) de la page que vous souhaitez classer:

- Quantité brute de liens provenant de sites de haute autorité
- Pertinence thématique des pages de liens
- Pertinence thématique des domaines de liaison
- Diversité du texte d'ancrage du lien vers la page
- Quantité brute de liens de marques / entités connues vers la page
- Quantité brute de domaines de liaison uniques vers la page
- Confiance mesurée par la distance par rapport à un ensemble de semences / pages de confiance
- Position / contexte du lien entrant
- Popularité de la page mesurée par des algorithmes tels que PageRank, etc.
- Lien vitesse de la page
- Quantité brute de liens qui utilisent le mot clé comme texte d'ancrage à correspondance partielle
- Quantité brute de liens qui utilisent le mot clé comme texte d'ancrage correspondant exactement

- Sentiment des liens externes pointant vers la page

3. Mesures au niveau des mots-clés et du contenu au niveau de la page (importance: 7,87 sur 10) - facteurs qui évaluent la qualité et la pertinence du contenu de la page Web:

- Unicité du contenu de la page
- Fraîcheur du contenu de la page
- Longueur du contenu de la page
- La page contient Schema.org ou d'autres données structurées
- Niveau de lecture du contenu de la page
- Utilisation des images sur la page
- Utilisation de rich media (vidéo, diapositives, etc.)
- Cette page contient des données Open Graph et / ou des cartes Twitter

4. Fonctions au niveau de la page, mots clés agnostiques (importance: 6,57 sur 10) - ces facteurs évaluent d'autres aspects de la page Web qui ne sont pas spécifiquement liés à la requête de recherche:

- La page est adaptée aux mobiles (pour les classements mobiles)
- Vitesse de chargement de la page
- L'âge de la page
- Qualité du contenu supplémentaire sur la page
- Page prend en charge HTTPS / SSL
- Auteur autorité de la page
- Cette page est adaptée aux mobiles (pour les classements sur les ordinateurs de bureau)

5. Utilisation et trafic / requêtes des utilisateurs (importance: 6,55 sur 10) - ces facteurs évaluent l'expérience de l'utilisateur, à la fois au niveau du domaine et de la page :

- Taux de clics des pages de résultats de recherche Google
- Quantité de recherches pour le mot clé, le nom de marque, l'URL ou le nom de domaine
- Taux de rebond pur de la page
- Retourner les visites sur cette page après la requête initiale / clic
- Conception globale et / ou expérience utilisateur
- Temps d'attente ou métrique de clic long
- Taux de navigation moyen

6. Mesures de la marque au niveau du domaine (importance: 5,88 sur 10) - facteurs qui évaluent l'importance de la marque et ses relations avec le mot clé:

- Volume de recherche pour la marque / le domaine
- Existence / qualité d'informations commerciales vérifiées dans le monde réel
- Quantité de citations pour le nom de domaine sur le Web
- Quantité de mot-clé de cooccurrence + marque sur le Web
- Quantité de mentions de la marque / domaine sur les sites sociaux
- Popularité des profils officiels de l'entreprise sur les réseaux sociaux

7. Utilisation de mots-clés au niveau du domaine (importance: 4,97 sur 10) - ce sont des facteurs qui évaluent la présence et la position du mot-clé dans le nom de domaine:

- Le mot-clé est le nom exact du domaine racine correspondant.
- Le mot clé est présent dans le nom de domaine racine
- Le mot clé est étroitement lié au nom de domaine via l'association d'entités
- Mot-clé est le nom du sous-domaine
- Le mot clé est l'extension de domaine

8. Fonctionnalités agnostiques au niveau des mots clés au niveau du domaine (importance: 4,09 sur 10) - ces facteurs évaluent la qualité du contenu du site Web dans son ensemble:

- Unicité du contenu sur tout le site
- Utilisation de responsive design et / ou optimisée pour les appareils mobiles
- Taux de clics agrégé des SERP de Google pour le domaine
- Fraîcheur du contenu sur le site
- Vitesse de chargement de page agrégée pour les pages de domaine
- Temps de séjour agrégés ou métriques de clic longues pour le domaine
- Quantité de pages d'erreur explorées sur le site
- Âge du domaine
- Le domaine est associé à des auteurs de haute autorité
- Le domaine contient des pages de signal de confiance
- Le domaine répertorie les informations de contact
- Qualité des autres sites hébergés sur le même bloc d'adresses IP
- Longueur de caractère du nom de domaine
- Présence de traits d'union utilisés dans le nom de domaine
- Durée jusqu'à l'expiration du nom de domaine

9. Métriques sociales au niveau de la page (importance: 3,98 sur 10) - ce sont des facteurs qui évaluent la performance de la page Web sur les médias sociaux:

- Engagement avec le contenu / URL sur les réseaux sociaux
- Nombre brut de partages Google+ et de +1 associés à une URL
- Nombre brut de tweets associés à une URL
- Nombre brut de "j'aime" et de partages Facebook associés à une URL
- Commentaires sur la page sur les sites sociaux
- Sentiment de liens sociaux et de citations faisant référence à la page
- Nombre brut de pins Pinterest associés à une URL
- Upvotes pour la page sur les sites sociaux
- Quels sont les facteurs de classement négatifs?

Les facteurs de classement de recherche négatifs feront en sorte que votre page Web, voire tout un site Web, tombera dans les résultats de la recherche. Les facteurs de classement négatifs sont:

- Nombre total de liens non naturels vers une page / sous-domaine
- La page est un contenu en double
- Le contenu de la page est mince
- Quantité de texte d'ancrage suroptimisé sur la page

- Non compatible avec les mobiles (pour les SERP mobiles)
- Bourrage de mots clés dans un document
- Liens de page vers le spam
- Page a un niveau de satisfaction de recherche relativement faible
- Vitesse de lecture lente
- Les mesures d'engagement / utilisation de la page sont relativement médiocres
- Quantité totale de publicité sur la page
- Liens de page vers un nombre élevé de 404 pages
- Les ressources de page (CSS / JS) sont bloquées par le fichier robots.txt
- Nombre total de fois que les liens de la page et / ou du sous-domaine ont été désavoués
- La page contient une balise de titre en double
- Non compatible avec les mobiles (pour les SERP de bureau)
- Cette page contient une méta description en double

Meilleures pratiques de référencement

Voici les meilleures pratiques d'optimisation des moteurs de recherche recommandées par Google (document PDF). Ils s'appliquent à tous les sites Web, quels que soient leur sujet, leur taille, leur langue, etc.

1. Améliorer la structure du site

1.1. Améliorer la structure de vos URL

Des URL simples à comprendre peuvent permettre à Googlebot de mieux analyser vos pages. Cela facilite également la tâche de ceux qui souhaitent créer un lien vers votre contenu ou visiter celui-ci. Enfin, l'URL d'une page est affichée dans le résultat de la recherche dans Google, juste en dessous du titre de la page.

Que faire?

- Utilisez des mots dans les URL.
- Utilisez une structure de répertoires permettant aux visiteurs de savoir facilement où ils se trouvent sur votre site.
- Fournissez une version unique d'une URL pour atteindre un document donné

Ne jamais faire:

- Utilisez de longues URL avec des paramètres et des identifiants de session inutiles.
- Choisissez des noms de page génériques tels que «page1.html».
- Utilisez des mots-clés excessifs et / ou répétitifs.
- Avoir une imbrication profonde de sous-répertoires du type "… / dir1 / dir2 / dir3 / dir4 / dir5 / dir6 / page.html".
- Utilisez des noms de répertoire qui n'ont aucun lien avec le contenu.
- Avoir plusieurs URL qui accèdent au même contenu.
- Utilisez des majuscules impaires d'URL.

1.2. Rendez votre site plus facile à naviguer

La navigation sur un site Web est importante pour aider Google à comprendre quel contenu est important.

Quoi faire ?:

- Faites en sorte que les utilisateurs puissent passer aussi facilement que possible du contenu général au contenu plus spécifique. Ajoutez des pages de navigation quand cela a du sens.
- Utilisez principalement du texte pour les liens de navigation et les menus.

- Créez un sitemap HTML et utilisez un fichier Sitemap XML.
- Créez une page 404 personnalisée qui guide les utilisateurs vers une page de travail de votre site.

Ne pas faire:

- Créez des menus de navigation complexes ou reliez chaque page de votre site à une autre page.
- Incitez les utilisateurs à cliquer sur trop de niveaux pour accéder à une page donnée.
- Avoir une navigation basée entièrement sur des menus déroulants, des images ou des animations.
- Autorisez vos pages 404 à être indexées dans les moteurs de recherche.

2. Optimiser le contenu

2.1. Créez des titres de page uniques et précis

En plus d'être un élément important du référencement, la balise de titre apparaîtra également dans la première ligne des résultats de la recherche. Si les mots de la balise de titre

correspondent aux mots de la requête de recherche, ces mots
sont en gras. Cela aide les utilisateurs à reconnaître qu'une
page est pertinente pour leur recherche.

Quoi faire?

- Choisissez un titre qui communique efficacement le sujet du contenu de la page.
- Créez des balises de titre uniques pour chaque page.
- Utilisez des titres brefs, mais descriptifs.

Ne pas faire:

- Choisissez un titre sans rapport avec le contenu de la page.
- Utilisez des titres par défaut ou vagues tels que «Sans titre» ou «Nouvelle page».
- Utilisez une seule étiquette de titre sur toutes les pages de votre site ou sur un grand groupe de pages.
- Utilisez des titres extrêmement longs qui ne sont d'aucune aide pour les utilisateurs.
- Insérez des mots clés inutiles dans vos balises de titre.

Les balises méta Description sont importantes car Google peut les utiliser comme extraits pour vos pages dans les résultats de recherche. Comme pour la balise de titre, les mots de l'extrait sont en gras lorsqu'ils correspondent à la requête de l'utilisateur.

Quoi faire?

- Rédigez une description qui informerait et intéresserait les utilisateurs s'ils voyaient votre balise méta description comme un extrait de code dans un résultat de recherche.
- Utilisez des descriptions uniques pour chaque page.

Ne pas faire :

- Écrivez une balise méta description qui n'a aucun rapport avec le contenu de la page.
- Utilisez des descriptions génériques telles que «Ceci est une page Web».
- Remplissez la description avec seulement des mots-clés.
- Copiez et collez tout le contenu du document dans la balise méta description.

- Utilisez une seule balise méta de description sur toutes les pages de votre site ou un grand groupe de pages.

2.3. Offrir un contenu et des services de qualité

Un contenu convaincant et utile aura une influence positive sur votre site Web plus que tout autre facteur de référencement, car les utilisateurs satisfaits voudront probablement y diriger d'autres utilisateurs via des messages de blog, des médias sociaux, des courriers électroniques, des forums, etc.

quoi faire ?

- Écrivez un texte facile à lire.
- Restez sur le sujet.
- Divisez votre contenu en morceaux logiques.
- Créez un contenu original et unique.
- Créez du contenu principalement pour vos utilisateurs, pas pour les moteurs de recherche.

Ne pas faire:

- Écrivez un texte bâclé avec de nombreuses fautes d'orthographe et de grammaire.

- Incorporer du texte dans les images.
- Déposez de grandes quantités de texte sur divers sujets sur une page sans séparation de paragraphe, de sous-titre ou de mise en forme.
- Rehash ou copier le contenu existant qui apportera peu de valeur supplémentaire aux utilisateurs.
- Avoir des versions dupliquées ou quasi-dupliquées de votre contenu sur votre site.
- Insérez de nombreux mots-clés inutiles destinés aux moteurs de recherche.
- Masquer de manière trompeuse le texte des utilisateurs, mais l'afficher aux moteurs de recherche.

2.4. Écrire un meilleur texte d'ancrage

Le texte d'ancrage - le texte cliquable que les utilisateurs verront sous forme de lien - est utilisé par Google pour déterminer le contenu de la page de destination. C'est un facteur de référencement important.

Quoi faire?

- Choisissez un texte descriptif.
- Rédigez un texte concis.
- Formatez les liens afin qu'ils soient faciles à repérer.
- Pensez aussi au texte d'ancrage pour les liens internes.

Ne pas faire :

- Écrivez un texte d'ancrage générique du type "cliquez ici".
- Utilisez un texte sans rapport avec le contenu de la page liée.
- Liez une longue phrase ou un paragraphe de texte.
- Utilisez un style qui fait que les liens ressemblent à du texte normal.
- Utilisez un texte d'ancrage excessivement rempli de mots clés uniquement pour les moteurs de recherche.
- Créez des liens inutiles qui ne facilitent pas la navigation du site par l'utilisateur.

2.5 Optimiser votre utilisation des images

L'utilisation d'images optimisées peut aider à améliorer le classement des pages Web et à générer un trafic supplémentaire grâce à la recherche d'images.

Que faire ?

- Utilisez des noms de fichiers brefs mais descriptifs et du texte alternatif.
- Fournissez du texte alternatif lorsque vous utilisez des images en tant que liens.
- Fournissez un fichier Sitemap pour images.

Ne pas faire :

- Utilisez des noms de fichiers génériques tels que "image1.jpg".
- Écrivez des noms de fichiers extrêmement longs.
- Insérez des mots clés dans un texte alternatif ou copiez et collez des phrases entières.

2.6 Utilisez les balises de titre de manière appropriée

Les en-têtes créent une structure hiérarchique pour votre contenu, facilitant la navigation des utilisateurs dans votre page.

Que faire ?

- Utilisez des en-têtes pour communiquer le contour et la hiérarchie de la page.
- Utilisez des balises de titre où cela a du sens.

Ne pas faire :

- Placez du texte inutile dans les balises de titre.
- Utilisez des balises de titre où d'autres balises telles que <em> et <strong> pourraient être plus appropriées.
- Basculer de manière erratique d'une taille d'étiquette à une autre.
- Utilisez de manière excessive les balises de titre sur toute la page.
- Placez tout le texte de la page dans une balise de titre.
- Utilisez des étiquettes de titre à des fins autres que la présentation de la structure.

3. Traiter avec les robots

3.1. Utiliser efficacement le fichier robots.txt

Vous pouvez décider si vous souhaitez que Google analyse et indexe toutes vos pages ou juste certaines d'entre elles. Un fichier «robots.txt» est un moyen d'indiquer aux moteurs de recherche s'ils peuvent ou non accéder aux éléments de votre site.

quoi faire ?

- Utilisez des méthodes plus sécurisées pour le contenu sensible.Ne pas faire :
- Autoriser l'exploration des pages de type résultat.
- Autoriser l'analyse des URL créées à la
- suite de services de proxy.

3.2. Soyez conscient de rel = "nofollow" pour les liens

L'utilisation de l'attribut rel = "nofollow" indique à Google que certains liens de votre site ne doivent pas être suivis, ni que la réputation des pages associées à une réputation en dépend. Cela est particulièrement utile pour les sites dont le contenu est généré par l'utilisateur, tels que les forums de discussion ou les commentaires de blog.

Quoi faire ?

- Ajoutez automatiquement «nofollow» aux colonnes de commentaires et aux forums de discussion.
- Utilisez «nofollow» lorsque vous souhaitez référencer un site Web, mais ne souhaitez pas lui transmettre votre réputation.

Ne pas faire :

- Accidentellement "nofollow" tous vos liens internes.

4. SEO pour les téléphones mobiles

4.1. Notifier Google des sites mobiles

Les sites mobiles utilisent non seulement un format différent des sites de bureau classiques, mais les méthodes de gestion et l'expertise requise sont également très différentes.

quoi faire ?:

- Vérifiez que votre site mobile est indexé par Google.
- Créez un plan Sitemap pour mobile et envoyez-le à Google.
- Autoriser l'agent utilisateur «Googlebot-Mobile» à accéder à votre site.
- Vérifiez que la déclaration DTD de vos URL de mobile est dans un format de mobile approprié, tel que XHTML Mobile ou Compact HTML.

Ne pas faire :

- Empêcher l'agent utilisateur «Googlebot-Mobile» d'accéder à votre site.

4.2. Guider les utilisateurs mobiles avec précision

L'un des problèmes les plus courants pour les webmasters qui exécutent à la fois les versions mobile et de bureau d'un site est que la version mobile du site apparaît pour les utilisateurs sur un ordinateur de bureau ou que la version de bureau du site apparaît lorsqu'une personne y accède sur un mobile. dispositif.

Que faire ? :

- Redirige les utilisateurs mobiles vers la version appropriée ou change le contenu en fonction de l'agent utilisateur.
- Assurez-vous que le contenu de l'URL mobile / desktop correspondante correspond le plus possible.
- Proposez le même contenu à Googlebot que le verrait un utilisateur de bureau typique, et le même contenu à Googlebot-Mobile comme vous le feriez pour le navigateur d'un appareil mobile typique.

Ne pas faire :

- Diffusez dans Googlebot un contenu différent de celui qu'un utilisateur de bureau typique verrait et un contenu différent de Googlebot-Mobile à celui d'un utilisateur mobile typique.

5. Promotions et analyse

5.1. Promouvoir votre site Web de la bonne façon

Une promotion efficace conduira à une découverte plus rapide par ceux qui s'intéressent au même sujet.

Quoi faire ? :

- Faire des annonces via des blogs et être reconnu en ligne.
- Utiliser les médias sociaux.
- Contactez les membres de la communauté liée à votre site.

Ne pas faire :

- Promouvez chaque nouveau petit contenu que vous créez.
- Impliquez votre site dans des schémas dans lesquels votre contenu est promu artificiellement.
- Spam d'autres avec des demandes de lien.
- Achetez des liens sur un autre site dans le but d'obtenir un PageRank au lieu du trafic.

5.2. Utilisez des outils gratuits pour les webmasters

La console de recherche de Google aide les webmasters à mieux contrôler les interactions de Google avec leurs sites

Web et à obtenir des informations utiles de Google sur leur
site. Cela vous permet de:

- Voyez quelles parties d'un site le Googlebot a
  rencontré des problèmes d'exploration.
- Notifier Google d'un fichier Sitemap XML.
- Analyser et générer des fichiers robots.txt.
- Supprimer les URL déjà explorées par Googlebot.
- Spécifiez votre domaine préféré.
- Identifiez les problèmes avec les balises méta de titre
  et de description.
- Comprendre les principales recherches utilisées pour
  accéder à un site.
- Découvrez comment Googlebot affiche les pages.
- Supprimez les liens annexes que Google peut utiliser
  dans les résultats.
- Recevoir des notifications d'infractions aux directives
  qualité et demander un réexamen du site.
- Les programmes d'analyse Web tels que Google
  Analytics constituent une source précieuse
  d'informations pour l'analyse du trafic. Vous pouvez
  l'utiliser pour:

- Découvrez comment les utilisateurs atteignent et se
  comportent sur votre site.
- Découvrez le contenu le plus populaire sur votre site.
- Mesurez l'impact des optimisations que vous apportez
  à votre site.

… et beaucoup plus.

BONUS

100 CONSEILS PRATIQUES SEO :

De nombreuses tactiques de référencement ne fonctionnent
tout simplement plus. Si vous utilisez des tactiques obsolètes,
il est temps de repenser votre approche du référencement .

D'autres tactiques attirent beaucoup l'attention. Mais il arrive
parfois que ces nouvelles tactiques branchées ne fonctionnent
pas pour vous de toute façon.

Encore d'autres tactiques légitimes de référencement prennent
tout simplement du temps. Je parle des mois ou même plus
d'un an pour montrer des résultats.

Mais cela ne veut pas dire que votre stratégie de
référencement doit être un vrai coup de hasard.

**Voici 101 de mes astuces, astuces et secrets rapides et
faciles à utiliser, ainsi qu'une session de JAM en
référencement naturel de 24 heures.**

101 astuces de référencement à utiliser dès maintenant :

1. N'utilisez pas # dans les URL. Googlebot ne prend pas en charge les URL d'index contenant # dans la liste.

2. Avec le nouvel index mobile-first, utilisez l'outil Fetch and Render de la console de recherche Google pour tester la manière dont l'agent de recherche mobile de Google affiche vos pages mobiles par rapport aux pages de votre bureau.
3. N'utilisez pas le système AJAX-Crawling sur les nouveaux sites Web. Migrez tous les sites utilisant actuellement AJAX-Crawling.Rappelez-vous: supprimez «méta fragment».

4. Si vous faites un don à des oeuvres de bienfaisance et à des organisations à but non lucratif pour créer un lien retour, ceci est contraire aux directives du Google Webmaster.

5. Bien que vos sitemaps soient limités à 50 000 URL par sitemap, vous avez désormais la possibilité de disposer d'une version compressée de 50 Mo, par rapport aux 10 Mo précédents .

6. Google montrera les emojis dans les résultats de recherche. Les émojis peuvent jouer un grand rôle dans la recherche locale.Voyez comment vous pouvez rechercher un restaurant par exemple à proximité en utilisant un emoji et essayez de maitriser le truc.

7. Le contenu est roi, les backlinks sont rois et la vidéo peut être le produit des deux. Google intègre la vidéo dans les listes de Google Maps. Donc, si vous n'avez pas de stratégie vidéo, commencez à en développer une bientôt.vous pourriez commencer avec celles des autres.

8. Si vous êtes un magasin virtuel, utilisez les rapports sur les distances et les visites sur les lieux Google AdWords pour optimiser les zones géographiques et les emplacements des utilisateurs qui génèrent le plus d'achats en magasin.

9. Lorsque vous effectuez une recherche par mot-clé, intégrez des requêtes plus pertinentes pour la recherche vocale. Maintenant que la recherche vocale Google est disponible dans 30 nouvelles langues, elle est disponible pour plus d'un milliard de personnes dans le monde. La recherche vocale continuera de gagner en importance avec Google Answers et l'index mobile-first.

10. Depuis que Penguin est en temps réel , il est important de surveiller vos backlinks dans la console de recherche Google (Recherche de trafic> Liens vers votre site) et de les désavouer une fois par mois.

11. Pour vous aider à préparer l'index mobile-first, augmentez le trafic de recherche mobile, lancez Google AMP ou Progressive Web Apps (PWA). Si vous ne possédez pas de site mobile, Google distribuera vos pages AMP ou PWA dans l'index mobile en premier. Vous devrez donc vous assurer que votre contenu principal et votre liste de liens figurent sur les pages AMP ou sur les PWA.

12. Gardez votre chapeau blanc de renforcement des liens. Si Google détecte une manipulation en masse, il évaluera tous vos liens et pas seulement les mauvais.

13. De nombreux spécialistes du marketing SEO estiment que les citations non liées n'offrent aucune valeur.Cependant, Gary Illyes a laissé entendre dans une interview qu'il pourrait y avoir un avenir dans les citations non liées. Donc, toute mention est une bonne mention.

14. Cesser de construire une quantité massive de liens sur des répertoires. Choisissez des annuaires de meilleure qualité (Yelp, Pages Jaunes, Google+, etc.) et ajoutez de la pertinence à votre marque.

15. Arrêtez d'utiliser des liens de widgets comme tactique de création de liens. Si vous envisagez d'utiliser des widgets, utilisez-les comme stratégie de notoriété de marque et d'expérience UX.

16. Assurez-vous d'avoir une structure de liens claire au sein de votre site Web. Par exemple, si vous comptez sur vos liens de bas de page pour piloter votre stratégie de liens internes, détrompez-vous. Les liens de pied de page et d'en-tête ne pèsent pas lourd. Par conséquent, la création de liens internes dans votre corps permettra à Google de mieux naviguer sur votre site Web.

17. Lors de la migration de votre site de HTTP vers HTTPS , n'apportez aucune autre modification à votre site Web.Google suppose que rien d'autre n'a changé sur votre site Web. Si vous modifiez plus d'une chose, Google risque d'avoir de la difficulté à reconnaître tous les changements.

18. Les balises canoniques n'économisent pas le budget d'exploration. Les moteurs de recherche doivent également analyser les doublons pour déterminer s'il s'agit bien de doublons.

19. Gardez la vitesse du site à 2-3 secondes pour l'utilisateur.Vous pouvez utiliser des outils tels que WebPageTest pour trouver la vitesse de votre site.

20. Échangez votre URL Twitter contre des Twitter Cards.

21. Même chose pour Facebook;vous souhaitez ajouter un balisage Open Graph pour optimiser la visualisation de vos messages sur Facebook.

22. Si vous êtes une marque de commerce électronique et que vous n'utilisez pas Instagram, le moment est venu de commencer.S'appuyant sur les premiers succès d'Instagram avec les fonctionnalités d'achat , ils commencent à se déployer auprès de milliers d'entreprises vendant des vêtements, des bijoux ou des produits de beauté.

23. Avec Google Home, Amazon Echo et de plus en plus d'assistants numériques, faits et guides locaux deviendront extrêmement bénéfiques pour les marques qui cherchent à atteindre le premier résultat.

24. Google a lancé une fonctionnalité de planification de voyage dans son graphique de connaissances. Ainsi, si vous êtes une entreprise ou une agence de voyage locale, la création de guides de voyage peut jouer à votre avantage.

25. Investissez dans le service client sur Facebook. Vous pouvez vendre et acheter via Facebook Messenger.Everlane est un excellent exemple de marque qui le fait bien.

26. Testez et expérimentez avec les publicités LinkedIn.LinkedIn vous permet de suivre le nombre de conversions converties par le nombre d'utilisateurs de votre contenu sponsorisé et de vos annonces.

27. Créez des annonces «Magasinez le look» dans Google AdWords pour convertir davantage de moteurs de recherche mobiles.

28. Essayez de créer une vidéo à 360 degrés pour Facebook.Maintenant, vous pouvez diffuser en direct des vidéos 360 sur Facebook.

29. Intégrez les résultats du carrousel Search Live de Google avec des pages AMP, un balisage de données structuré et un flux XML Atom. Ensuite, remplissez ce formulaire .

30. Reddit est le neuvième plus grand site Web des États-Unis. C'est un endroit où vous souhaitez que votre marque soit et vous pouvez commencer par tester ses annonces de contenu sponsorisé.

31. Si vous êtes une entreprise locale et sur Facebook, géolocalisez vos publications Facebook Live pour inclure ou exclure des lieux spécifiques.

32. Si vous utilisez le programme Google Local Inventory Ad de Google, vos clients peuvent parcourir votre magasin local au sein de Google.

33. L'âge indexé de votre domaine a toujours été un facteur de classement important. Si vous êtes un nouvel arrivant, il sera difficile de rivaliser avec un site Web existant depuis 10 ans.

34. Maintenez un profil de liens sain, car les moteurs de recherche le relient à l'autorité et à la qualité de votre site Web et de votre marque.

35. Débarrassez-vous du contenu fin ou réécrivez-le.Cela ne fait rien pour votre site, mais diminue la qualité.Le contenu de forme longue s'est avéré obtenir des résultats de recherche plus élevés.

36. Nettoyez le contenu dupliqué hébergé en interne ou en externe. En nettoyant le contenu en double, vous supprimez tout contenu gratté ou en double sur votre site. Si vous avez dupliqué du contenu sur d'autres sites, envoyez un e-mail au webmaster pour le supprimer ou ajoutez-le à votre fichier de désaveu.

37. Les citations des clients continuent de croître.Élaborez un plan pour demander aux clients des critiques ou des commentaires sur les produits. Les moteurs de recherche les utilisent pour attribuer une valeur et générer des conversions plus élevées.

38. Suivez les pages depuis lesquelles les utilisateurs quittent votre site en analysant les pages de sortie. Pourquoi les utilisateurs partent-ils?Envisagez de réviser ces pages de sortie pour augmenter le temps passé sur le site.

39. Si vous constatez un faible taux de clics dans le rapport Google Analytics Search Search Analytics, envisagez de réécrire les méta-descriptions.

40. Parfois, l'ancien contenu génère encore du trafic. Si tel est le cas, envisagez de créer un nouvel article avec un contenu similaire pour créer un nouveau contenu, plus récent et plus pertinent.

41. Revérifiez pour vous assurer que vos pages d'argent sont indexées avec 'site: domain'.Vérifiez également si vous êtes à double index. La double indexation peut conduire à dupliquer le contenu.

42. Une page doit avoir une balise H1. N'utilisez pas plusieurs balises H1 sur une seule page.

43. Les pages de FAQ gagnent en importance; Je vous conseillerais de passer du temps à parcourir vos pages de FAQ. Pour obtenir plus de visibilité sur les termes de mots clés à long terme, réécrivez ces pages de FAQ afin d'incorporer davantage de ces termes de recherche.

44. Vous ne pouvez plus faire correspondre vos efforts de référencement avec PageRank maintenant que Google l'a supprimé. Lorsque vous comparez votre site à d'autres

marques ou concurrents, utilisez des outils de référencement tels que l'autorité de domaine de Moz ou l'URL Rating d'**Ahrefs**.Ils ne remplacent pas le classement PageRank de Google, car ils ne sont pas précis à 100%, mais constituent un bon point de départ.

45. Lors de la refonte de votre site Web, faites appel à un spécialiste du marketing avant d'investir plus de temps et de ressources dans votre site. De nombreuses conceptions de sites Web à la mode comme le défilement de la parallaxe doivent être adaptées aux meilleures pratiques en matière de référencement, telles que la pagination.

46. N'oubliez pas d'ajouter les attributs d'image ALT avant de poster. Essayez également d'inclure des expressions de mots clés pertinentes.

47. Vous pouvez avoir plus d'un sitemap. Si vous souhaitez que Google concentre son attention sur des sections spécifiques de votre site, créez un plan Sitemap distinct. Ce sont des images, des vidéos, des profils et des articles de blog.

48. Assurez-vous que toutes vos pages ont l'étiquette rel = canonical qui dirige les moteurs de recherche vers la page principale. Rel = les balises canoniques réduisent la confusion lorsqu'un autre site supprime votre contenu, créant ainsi un contenu en double.

49. Si vos URL sont des URL dynamiques (ce qui signifie que vous voyez quelque chose comme ceci: www.donutsaregoodforyou.com/?mode=1-list=1) , vous

voudrez ajuster vos paramètres dans Google Search Console de la manière dont vous souhaitez que Google analyse votre contenu. Encore une fois, cela aide à réduire le contenu en double.

50. Lorsque quelqu'un d'autre syndique votre contenu, assurez-vous qu'il place la balise rel = canonical pour qu'elle revienne directement sur votre page d'origine.

51. Configurez-vous Google Search Console pour la première fois? N'oubliez pas d'ajouter les deux versions de votre site. Vous devez soumettre les versions www et non-www de votre site.Une fois que c'est terminé, définissez le site préféré.

52. Comme dans ce qui précède, si vous avez plusieurs sous-domaines, vous voudrez les soumettre à la console de recherche Google en tant que nouvelle propriété pour obtenir toutes les données.

53. Avant de migrer de HTTP vers HTTPS, modifiez vos liens internes en HTTPS.

54. Comme c'est la qualité sur la quantité pour le contenu, il en va de même pour la création de liens . Le renforcement des liens n'est pas ce qu'il était il ya cinq ans. La création de liens et les efforts de relations publiques fusionnent maintenant pour créer une expérience de liaison plus authentique.

55. Lors de la création d'un contenu, réfléchissez à la manière dont ce contenu peut être transformé en une vidéo, Facebook Live, Slideshare, etc.

56. N'oubliez pas d'ajouter votre adresse IP à Google Analytics.

57. Supprimez les pop-ups sur mobile et les interstitiels de mobile. Depuis que Google a annoncé en janvier 2017 qu'il allait imposer une pénalité aux sites qui utilisaient encore des pop-ups intrusives et interstitielles, les webmasters optaient pour des alternatives aux pop-ups.

58. Lorsque vous écrivez du contenu, assurez-vous de vérifier votre orthographe et votre grammaire. Les erreurs n'affecteront pas votre classement, mais votre expérience utilisateur sera médiocre.

59. Créez un système pour programmer manuellement les activités d'extension pour l'établissement de liens et les relations publiques. Oui, les liens peuvent se construire eux-mêmes, mais qu'est-ce qui ne va pas avec un petit coup de pouce? Le référencement n'est pas un travail ponctuel de réparation.

60. Lorsque vous travaillez avec un influenceur, ayez toujours un contrat en place. Vous voulez être clair sur ce que l'influenceur attend de vous et vice versa.
61. Si un client vient à vous et dit qu'il veut se classer pour le «mot clé de la page 1 magique», exécutez.

62. Pour déterminer le type de contenu à écrire, utilisez des outils tels que BuzzSumo pour procéder à l'ingénierie inverse du contenu le plus performant de vos concurrents.

63. Si vous cachez des divs dans votre CSS, arrêtez-les et nettoyez-les.

64. Un contenu frais peut donner un petit coup de pouce à votre classement. Ce contenu ne doit pas nécessairement être un nouveau contenu sur la page d'accueil. Cela peut également provenir du contenu de votre blog.

65. L'ajout de fil d'Ariane à votre site améliorera non seulement votre référencement, mais également votre expérience utilisateur.

66. Évitez les longues chaînes de redirection pour aider les moteurs de recherche à explorer votre site plus rapidement.

67. Lorsque vous utilisez des images, essayez d'obtenir le fichier image au format vectoriel. Ces types de fichiers s'échelonnent mieux, vous offrant une meilleure qualité d'image sur plusieurs appareils.

68. Envisagez de vous procurer un réseau de diffusion de contenu (CDN) pour héberger vos images. Un CDN aide à accélérer votre site Web.

69. Si vous n'avez pas encore basculé sur HTTPS et que vous utilisez des pages AMP, vous devrez bientôt le faire.Maile Ohye de Google a indiqué lors du sommet de la SEJ que le protocole HTTPS serait requis pour le format AMP, mais John Mueller a récemment déclaré qu'il ne s'agissait pas encore d'une exigence AMP.

70. Si vous avez des produits avec des descriptions et des noms très proches, utilisez la balise canonique au lieu de la rediriger.

71. Les liens Nofollow ont d'abord été créés pour identifier les liens payants.Aujourd'hui, la plupart des sites les utilisent pour des liens externes au cas où vous vous connecteriez à un site de qualité médiocre.

72. Toujours nofollow liens énumérés dans les forums ou les commentaires. Il en va de même pour les parrainages, la publicité et les communiqués de presse.

73. Avec le lancement de Google Allo, vous souhaiterez augmenter le nombre d'avis de qualité pour votre entreprise locale. Les entreprises les plus proches avec le plus grand nombre de commentaires ont la priorité.

74. Assurez-vous que votre NAP dans les citations locales est identique dans tous les canaux.

75. Google a augmenté la limite de caractères des balises de titre à 70 caractères.Assurez-vous que vous optimisez pour tous les personnages. Cependant, assurez-vous de vérifier si les caractères sont coupés sur le mobile.

76. Google a également étendu la longueur des méta-descriptions à 200 caractères sur le bureau et 172 sur le mobile.

77. Bien que le fait d'avoir un domaine hébergé de manière privée n'affectera pas votre classement dans les recherches, le fait d'avoir un hébergement partagé peut réduire l'indexation de votre site. Les moteurs de recherche indexent en fonction de l'adresse IP et lorsqu'ils sont multiples, les moteurs de recherche peuvent obtenir trop de signaux.

78. Si vous souhaitez être vu sur la première page des résultats de recherche, lancez une campagne payante pour les termes de mots clés non marqués et marqués que vous souhaitez voir apparaître dans la recherche. Testez-les et testez-les pour déterminer quels mots-clés vous conviennent, puis intégrez-les dans vos efforts organiques.

79. Vous n'avez pas besoin d'utiliser des termes de mots clés exacts. Google peut associer vos termes de recherche par mot clé d'actualité grâce à la recherche sémantique.

80. Si vous essayez de structurer les compartiments de vos mots clés en fonction de leur densité, arrêtez-vous. La densité de mots clés n'a pas été un problème pour beaucoup de lunes.

81. Lorsque vous faites des hyperliens en interne, vous n'avez pas besoin de faire un lien interne avec vos termes de mots clés. Mais cela aide si le contenu entourant le lien est lié à vos mots-clés principaux.

82. Les pages AMP de Google peuvent sembler dépourvues de substance, mais vous pouvez ajouter des formulaires pour capturer des prospects.

83. Personnalisez vos appels à l'action en fonction d'une référence. Vous pouvez également le faire en fonction de l'emplacement et de la requête de recherche par mot clé.

84. Sur vos pages Google AMP, vous pouvez implémenter Scroll Tracking avec Google Tag Manager.

85. Lorsque vous travaillez avec des influenceurs ou que votre contenu est publié sur un autre site, effectuez une recherche rapide pour déterminer la dernière date de mise en cache de leurs pages en effectuant une recherche dans «cache: URL». Si vous avez plus d'un mois, conservez votre contenu ailleurs.

86. Les requêtes de recherche vocale pour les localisations continueront à se développer.Pensez à incorporer des expressions telles que «près de moi» dans votre contenu et votre stratégie publicitaire.

87. Développez le contenu sur un ton de conversation pour classer les requêtes de recherche vocale.

88. Les signets sociaux importent toujours, mais ils se développent dans les communautés. Comment vous engager sur vos réseaux sociaux, c'est comment vous devriez vous engager sur vos signets sociaux. Les marque-pages sociaux ne sont pas une soumission unique, votre lien et c'est tout. Vous devez avoir une conversation, laisser quelques commentaires ou augmenter le contenu d'un autre contenu sans rapport avec votre contenu.

89. Les détaillants et les marques de commerce électronique doivent intégrer la recherche visuelle dans leur stratégie marketing.Pinterest ouvre la voie à la recherche visuelle . Pinterest vous offre la possibilité de mettre en surbrillance une section d'une image, puis de lancer une recherche sur la partie que vous avez sélectionnée. Google Lens et d'autres applications renforcent également leur jeu.

90. Grâce à l'intelligence artificielle, on assiste à une augmentation du nombre de chatbots . Les chatbots permettent aux marques d'interagir avec les consommateurs de manière plus humaine. H & M est un bon exemple de marque utilisant des chatbots.

91. Lorsque vous choisissez un nom de domaine, tenez-vous-en à 15 caractères ou moins.Les noms de domaine courts sont plus faciles à mémoriser.

92. Si vous êtes un site de commerce électronique, n'utilisez pas la description du fabricant pour rédiger vos descriptions de produits.Prenez le temps de réécrire des descriptions de produits attrayantes pour l'utilisateur et les moteurs de recherche.

93. Si vous avez une baisse soudaine du trafic, cela peut être dû à une pénalité.Vérifiez vos e-mails et Google Search Console pour voir sils vous ont envoyé une notification de pénalité manuelle.

94. La baisse soudaine du trafic pourrait également être due à la perte de mots clés. Vérifiez si vos concurrents ont

commencé à se classer pour des mots clés similaires avec le nouveau contenu qu'ils produisent.

95. Commencez les tests avec les applications Web progressives , ou PWA, avec le nouvel index mobile-first. Les PWA créeront un site mobile si un utilisateur vient sur votre site depuis leur tablette smartphone. De grandes marques comme The Weather Channel et Lyft testent déjà cela, et vous ne voulez pas vous laisser distancer. Les PWA sont bénéfiques pour les marques qui génèrent des revenus grâce aux publicités. Ils sont une excellente alternative à l'AMP.

96. Si vous êtes une nouvelle entreprise débutante, investissez dans un contenu de haute qualité. Pensez également à modifier vos métadonnées pour refléter les saisons afin de vous classer potentiellement pour les mots clés locaux à longue queue.

97. La publication en tant qu'invité n'est pas un moyen pertinent de créer des liens, mais c'est un moyen formidable de créer du contenu.

98. Si vous avez plusieurs pages en concurrence pour des termes de recherche par mot-clé similaires, envisagez de combiner le contenu en un seul élément géant de contenu de forme longue.

99. Curieux de savoir pourquoi votre concurrent vous bat dans les SERPs pour le même contenu? Revenez en arrière et remplissez les blancs de votre contenu.Effectuez une analyse des termes liés à votre article et déterminez s'il existe des

éléments manquants que vous pouvez ajouter pour renforcer
votre contenu.

100. Lorsque vous effectuez une recherche sur votre site dans
les sites de moteurs de recherche: example.com, veillez à
rechercher toutes les variantes de votre site. Par exemple,
recherchez ce qui suit:

http://example.com
http://www.example.com
https://example.com
https:/ /www . example .com

Nous avons beaucoup parlé du premier index mobile de
Google. Bing et d'autres moteurs de recherche suivront
probablement. Mais il est toujours important de se concentrer
et d'optimiser la version de bureau de votre site Web.

101-Dans le meilleur des cas, vous savez déjà tout sur cette
liste.Vos statistiques sont profondément ancrées dans un audit
technique et vous ne perdez jamais vos mots lors d'une
réunion client.

Parfois (OK, la plupart du temps), vous êtes novice dans le jeu
de référencement ou vous avez besoin d'un rappel rapide .

Il peut être difficile de trouver les bonnes questions à poser ou
de vous rappeler certaines des grandes choses que vous avez
peut-être oublié de traiter dans votre vérification.

Après tout, nous ne pouvons garder que beaucoup de choses dans notre cerveau sans perdre la mémoire. Mais si vous essayez de remplir un espace vide ou essayez simplement d'apprendre le référencement pour la première fois, ces conseils ci-dessus vous ont couvert.

Conclusion

Le référencement représente bien plus que ce qui est décrit dans ce guide, mais si vous ne faites qu'une partie de ce qui est recommandé, vous serez bien en avance sur la plupart de vos concurrents. Bonne chance!

Ouvrages du même auteur

Créer un Blog qui génère du Trafic

Ce livre , Comment créer un blog qui génère du trafic est disponible gratuitement pour mes lecteurs .Il va vous guider pas à pas dans la création de votre Blog ou site web .

Il est une sorte de guide pour une entrée en matière sans erreurs , et je crois que ce livre va vous permettre de concevoir un blog prêt à être bien optimisé pour le référencement et

surtout sans fautes structurelles qui vont saboter votre référencement
.

Ce guide est gratuit pour mes lecteurs

<u>Télécharger</u>

Guide Pour Réaliser et Faire un Audit SEO pour son site web

Comment faire un Audit SEO vous même , avec des outils 100% Gratuits est un Ebook qui va vous guider aussi pas à pas ? pour faire un Audit SEO vous même pour votre site web et ce sans que vous ayez besoins de payer plusieurs centaines d'euros pour le faire . Le plus important aussi dans ce guide , est que vous n'allez avoir que d'outils et de logiciels gratuits , auxquels je vous renvois lors de chaque étape de l'audit de votre site web .ce livre , est disponible sur Amazon , le prix est modeste , 24 Euro lorsqu'il n'est pas en promotion , je vous promet que je vais le mettre moins cher pour vous mes chers lecteurs et abonnés .Version Papier (Broché) Disponible

<u>Voir sur Amazon</u>

Guide Pratique des bases SEO

Guide Pratique des Bases SEO , va vous guider étape par étape pour bien optimiser SEO votre site web ou blog de niche , pour être mieux référencé sur les moteurs de recherche notamment Google .Ce guide est une aide au référencement web pour générer beaucoup de trafic organique gratuit sur votre blog pour commencer enfin à monétiser votre site et gagner de l'argent sur ce dernier.

Ce guide SEO pratique , contient aussi une série de 100 conseils référencement pratiques , à appliquer directement sur votre site web pour générer du trafic et augmenter rapidement le nombre de visiteurs sur votre site web ou blog et forcer google à vous envoyer plus de trafic qualifié chaque jour plus . Je l'ais mis sur Amazon pour seulement 24 Euros lorsqu'il n'est pas en promotion bien sur .Version Papier (Broché) Disponible

<u>Voir sur Amazon</u>

Les secrets de l'Affiliation ,Comment faire sa première vente :

Les secrets de l'Affiliation est un Ebook qui va vous montrer comment faire votre première vente .Le marketing d'affiliation est sans conteste le meilleur moyen de générer de bons revenus à partir de ressources complètement en ligne. Si vous recherchez un guide unique pour réussir à faire votre première vente ou augmenter les ventes de vos produits et de votre filiale, celui-ci est pour vous!

Ce livre est disponible aussi sur Amazon , je l'ais mis seulement pour 15 euros lorsqu'il n'est pas en promotion aussi

Version Papier (Broché) Disponible

Tout droit réservé et toute copie ou réédition non autorisée de cet ouvrage est interdite et sujette à des prises de mesures légales et adéquates

Blogautop-2019